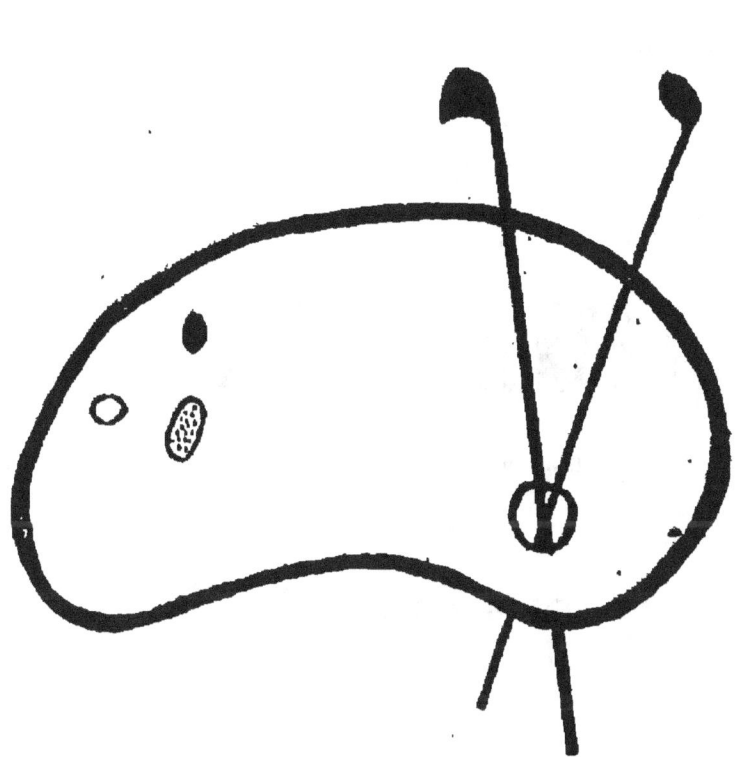

**DEBUT D'UNE SERIE DE DOCUMENTS
EN COULEUR**

29 mars 1855 / *29 Mars 1855*

Exemplaire de Beurdeley frère.

CATALOGUE RAISONNÉ

DES

TABLEAUX

DE DIVERSES ÉCOLES

COMPOSANT LE PRÉCIEUX CABINET

DE FEU M. COLLOT

Vente le Jeudi 29 Mars 1855.

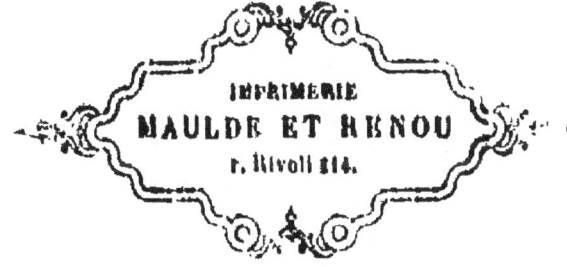

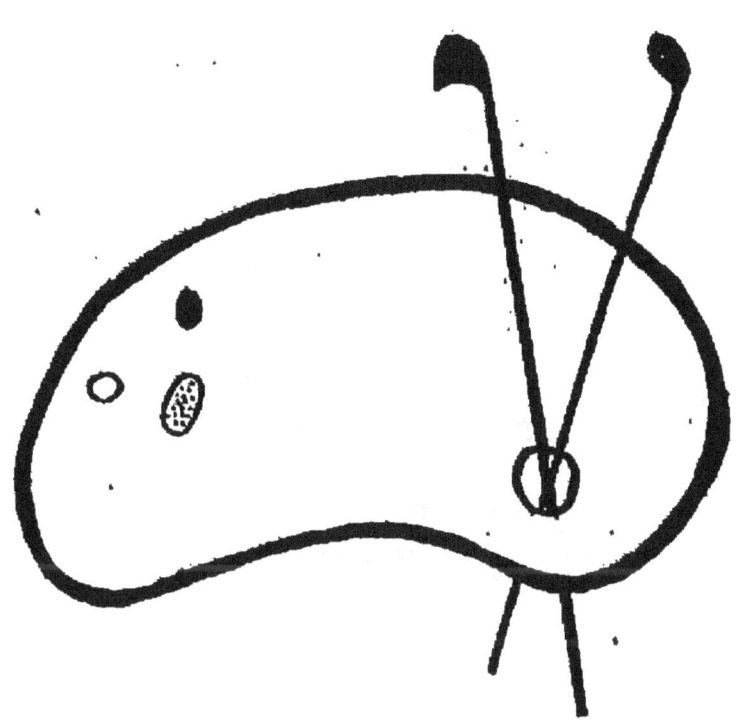

FIN D'UNE SERIE DE DOCUMENTS EN COULEUR

CATALOGUE RAISONNÉ

DE

TABLEAUX

DE DIVERSES ÉCOLES

COMPOSANT LE PRÉCIEUX CABINET

DE FEU M. COLLOT

Ancien Receveur général et ancien Directeur de la Monnaie de Paris

DONT LA VENTE AURA LIEU

Le Jeudi 29 Mars 1855, à une heure

HOTEL DES VENTES MOBILIÈRES

RUE DROUOT, N. 5

Salle n. 5, au 1er

Par le ministère de Me **POUCHET**, Commissaire-Priseur,

Assisté de M. **RIDEL**, son prédécesseur,
rue Saint-Honoré, 335,

Et de M. Ferdinand **LANEUVILLE**, Expert,
rue Neuve des Mathurins, 73,

Chez lesquels se distribue le présent Catalogue.

EXPOSITION PARTICULIÈRE
Le Mardi 27 Mars 1855, de midi à quatre heures.

EXPOSITION PUBLIQUE
Le Mercredi 28, de midi à quatre heures.

PARIS
MAULDE ET RENOU
IMPRIMEURS DE LA COMPAGNIE DES COMMISSAIRES-PRISEURS,
Rue de Rivoli, n° 114.

1855

CONDITIONS DE LA VENTE.

Elle sera faite au comptant.

Les acquéreurs paieront, en sus des adjudications, CINQ centimes par franc, applicables aux frais.

LE CATALOGUE SE DISTRIBUE :

A Londres...... Chez MM. COLNAGHI, marchand d'estampes.
A Bruxelles..... LEROY, Expert du Musée.
A Berlin....... PASSALAQUA, Directeur du Musée.
A Vienne...... ARTARIA et Compagnie.
A Amsterdam.. BRONDGHEEST.

Monsieur Collot, amateur passionné des arts, guidé par un goût aussi sûr que poétique, avait pris lui-même le soin de décrire ses tableaux et de rédiger le catalogue que nous publions.

Nous avons pensé que personne mieux que lui ne pouvait apporter à ce travail une étude plus consciencieuse et une observation plus scrupuleuse ; eussions nous pu mieux que lui orner ses descriptions de ces détails qui révèlent à la fois et l'artiste enthousiaste et le connaisseur réfléchi ? nous nous sommes donc inclinés devant ce doyen des amateurs de son temps, respectant ses opinions fruits d'une longue expérience, et conservant précieusement ses expressions aussi chaleureuses que pittoresques.

DÉSIGNATION
DES
TABLEAUX

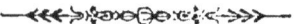

ÉCOLE ITALIENNE.

LÉONARD DE VINCI.

1. Salomé recevant la tête de saint Jean-Baptiste.

Hérode Antipas, voyant danser Salomé, promit de lui accorder tout ce qu'elle lui demanderait. Cette jeune princesse, conseillée par sa mère, demanda la tête de saint Jean-Baptiste, et l'obtint. Léonard a choisi pour sujet de son tableau le moment où elle la reçoit.

Un bourreau la tient suspendue par les cheveux et la dépose dans une coupe d'albâtre fleurie, placée sur une console, couverte d'un large tapis, et dont les pieds sont formés par des sphynx.

Les deux figures sont debout et de grandeur naturelle. La partie inférieure du corps du bourreau est cachée par la console. Le raccourci du bras qui tient la tête révèle une science qui n'a été égalée que par Michel-Ange. Le regard de ce bourreau, tourné vers la princesse, indique le salaire qu'il voudrait en obtenir, et semble la ravaler jusqu'à lui.

La tête de saint Jean est d'une beauté si expressive, qu'elle semble respirer encore; on dirait que sa bouche entr'ouverte va exhaler le dernier soupir. Nulle expression de douleur ne dépare cette belle tête, et nulle tache de sang ne souille cette scène. Léonard avait trop de goût pour ne point la purger de tout ce qui aurait pu la rendre repoussante.

Dans la figure de Salomé, ce grand maître paraît s'être appliqué à atteindre la perfection de la Vénus de Médicis, que Cosme venait de faire transporter de Rome à Florence. C'est même élégance dans la taille, même délicatesse dans les formes, même suavité dans les contours, même pureté dans le dessin, même fermeté dans l'exécution. De sa main droite, *semi reducta*, comme a dit Ovide, elle montre la tête de sa victime. Elle n'ose pourtant pas la regarder, mais ses yeux et sa bouche laissent percer la joie de son triomphe. Une légère teinte verdâtre, que le peintre a infiltrée dans le blanc de l'œil de Salomé, décèle sa férocité. Ce trait a suffi à Léonard pour manifester le caractère de son personnage principal, tant il faut peu de chose au génie pour faire éclater sa pensée.

Salomé, de la main gauche, relève légèrement sa robe. L'opposition de ces deux mains mérite d'être étudiée. Les cheveux, partagés sur le front, en laissent à découvert une grande partie, dont la proéminence annonce la fierté. Deux boucles de ces cheveux, fort légères, descendent sur ces épaules, et une couronne de myrte est le seul ornement de sa coiffure. Son cou est paré d'un collier fort simple, auquel est suspendue une seule perle. Les globes de son sein, à demi sortis du corsage, ont les formes de la première jeunesse, et leurs contours sont rendus avec une suavité séduisante.

Tout dans cette œuvre, jusqu'aux pieds que le vêtement laisse à demi découverts, est exécuté avec un soin, une perfection, qui sont un des caractères particuliers de ce maître. La magie du clair-obscur y est portée à un degré de séduction inconnu avant lui. Raphaël et Fra Bartholoméo ne parvinrent à l'acquérir qu'après qu'il leur en eut révélé le secret.

Une autre qualité bien éminente dans Léonard, c'est l'expression, cette partie sublime de l'art, qui lui permet, comme l'a dit d'Agincourt, de porter au dehors toutes les sensations de l'âme. C'est ce que Pline a appelé *pingere animum*. Elle est d'autant plus difficile à acquérir qu'elle est renfermée dans des limites très étroites, au delà et en deçà desquelles la vérité ne saurait exister. En deçà, c'est l'impuissance, au delà c'est la manière. Quand le Corrège s'est efforcé d'atteindre Raphaël, il est tombé dans ce dernier défaut.

On reproche avec raison à Léonard d'avoir répandu sur ses figures une teinte que les Italiens ont appelée *Lo Sfumato*. C'est un des traits qui distinguent ce maître de tous ses disciples. Luini, le plus habile de tous, a un ton plus clair, plus brillant; mais qu'il est loin de son maître! Pour s'en convaincre, qu'on aille à notre Musée voir dans le grand salon ce tableau, où Luini a peint Salomé, la tête de saint Jean-Baptiste, et un bras qui la dépose dans la coupe. Les amis des arts qui prendront la peine de faire cette comparaison, en tireront grand profit.

On sait combien sont rares les tableaux de Léonard; dans toute l'Europe on n'en connaît pas trente bien authentiques. Notre Musée en possède plusieurs :

Le portrait de Mona Lisa, dit la Joconde, estimé, en 1827, par les experts du Musée . . . . 125,000 fr.

Celui de Lucrèce Crivelli 80,000

La Vierge aux Rochers. 150,000

Saint Jean tenant une croix. Il a beaucoup souffert. 30,000

En 1851, à la vente du roi de Hollande, le tableau de ce maître connu sous le nom de la Colombine, composé d'une seule figure, fut vendu 80,000 fr.

Celui que je possède appartenait à la famille Barberini, à Rome, qui l'avait depuis près de deux cents ans. Il y fut acheté le 5 octobre 1790. C'est aujourd'hui, peut-être, le tableau le plus important de ce maître. Malgré plus de trois cent cinquante ans d'existence, il est d'une conservation parfaite.

Peint sur bois de cèdre. — Haut. 1 m. 35 c. Larg. 85 c.

ANDREA DEL SARTO.

2. Sainte Famille.

La Sainte-Vierge, vêtue d'une robe d'étoffe jaune surmontée d'une tunique rouge, soutient légèrement dans ses bras l'Enfant Jésus assis sur un coussin vert. Il regarde le petit saint Jean qui, debout à la droite de la Vierge, tient d'une main une croix, de l'autre une banderolle sur laquelle on lit : *Ecce agnus Dei*. Derrière la Vierge, sur le second plan, se trouve Joseph vu à mi-corps. Dans un coin du tableau on aperçoit un paysage d'où se répand le jour qui éclaire cette scène paisible.

On trouve dans ce tableau toutes les qualités qui ont placé son auteur au premier rang des grands maîtres qui ont illustré l'école florentine : un dessin pur, une expression noble, un coloris brillant, une touche facile et gracieuse qu'on remarque sur toutes les figures. La tête de la Vierge est d'une distinction de style très remarquable et d'un idéal comparable aux plus beaux airs de tête de Raphaël et de Léonard.

Peint sur bois. — Haut. 1 m. Larg. 72 c.

(Ce tableau fut acheté en 1799 chez Monseigneur Stuy, prélat romain.)

GUIDO RENI.

3. Sainte Marguerite.

Le mérite de ce tableau ne peut être bien senti que par les personnes qui ont fait une étude approfondie de l'art de la peinture. Au premier aspect ses couleurs privées d'éclat attirent peu l'attention. Ce n'est pas cependant sans un dessein bien médité que le Guide les a choisies. La sainte qu'il a voulu nous présenter est une de ces beautés parfaites, mais pieuses et modestes, qui se couvrent des vêtements les plus simples, les moins éclatants pour échapper aux regards du monde. Mais dès que les yeux se sont portés sur ces figures célestes, ils s'y arrêtent, les contemplent, et ne se retirent que pénétrés d'admiration et de respect.

Pour bien apprécier cette œuvre, il faut se demander quel a été le but du peintre, et ensuite quels sont les moyens qu'il a dû choisir pour l'atteindre.

Le Guide a voulu nous montrer une vierge douée de tous les charmes de la jeunesse et de la beauté, qui sait que ces dons ne sont qu'un moyen offert à la vertu pour en rendre le culte plus méritoire, et qui s'est vouée à la prière, au jeûne, à la macération pour être un jour admise au rang des bienheureuses.

Passons aux moyens : Le peintre a choisi le moment où la fatigue de la prière et une longue abstinence commencent à laisser leur empreinte. Elles n'ont point encore altéré les traits ni les formes de la sainte ; mais une légère pâleur a déjà affaibli les roses de ses joues ; ses lèvres n'ont point perdu leur vermeil, ni ses yeux leur douceur ; son front conserve sa sérénité, et nulle ride ne dépare cette belle figure ; on s'aperçoit seulement qu'un sang un peu appauvri circule dans ses veines, et colore moins vivement son teint. Ses mains croisées sur sa poitrine restent blanches, potelées, ravissantes, mais la croix qui les décore repousse tout sentiment profane, et ne laisse place qu'à des idées de chasteté.

De larges draperies couvrent son sein sans en dérober les formes soutenues et arrondies que ces mains font pressentir. Le Guide n'a donc rien négligé pour nous montrer une beauté parfaite ; mais il n'a pas un seul instant perdu de vue que cette beauté est une sainte. Il a donc usé de toutes les ressources de son art pour que sa vierge n'inspirât d'autre pensée que le recueillement, d'autre sentiment que l'admiration et le respect, d'autre désir que celui des biens célestes. Dans cette figure, tout décèle les privations, mais aucun trait ne laisse percer la souffrance ; il y règne un calme, une sérénité, qui annoncent la béatitude.

Un manteau et une robe drapés nonchalamment et à larges plis forment toute la parure de la sainte. Les couleurs vertes et lilas n'y sont qu'en demi teinte. Le Guide a senti qu'il devait les priver d'éclat afin qu'elles ne pussent point éclipser le léger incarnat qui colore encore ce beau visage; il a ainsi répandu sur ce tableau la douce harmonie qui le distingue.

Derrière la figure est une sorte de dragon. C'est, dit-on, le symbole de l'esprit malin dompté par la sainte : je crois que le Guide l'a placé dans son tableau comme gardien de la virginité de sainte Marguerite. Pausanias rapporte que c'est dans cette intention que Phidias avait placé un gros serpent au pied de sa fameuse statue de Pallas. On le voit dans toutes les copies de cette statue.

On ne sait ce qu'on doit le plus admirer dans ce tableau. Sa conception, l'expression de la sainte, sa grâce, la facilité du pinceau, la pureté du dessin, y sont portées à un degré de perfection qui ne laisse rien à désirer.

Si quelque juge peu pénétrant pensait que j'ai exagéré le mérite de cette œuvre, on pourrait lui rappeler les paroles de Nicomaque à un critique de l'Hélène de Xeuxis : Prends mes yeux et tu la trouveras divine.

Ce tableau a été gravé par Vitali.

Peint sur toile. — Haut. 1 m. 02 c. Larg. 0 m. 84 c.

(Il était à Rome dans la galerie Colonna sous le n° 207. Il y fut acheté le 18 janvier 1799.)

PAUL VÉRONÈSE.

4. Alexandre Farnèse, sa Maîtresse, et leur Enfant sous les attributs de Mars, Vénus et l'Amour.

Mars arrive dans l'appartement de Vénus presque nue et couchée sur de riches étoffes doublées d'hermine. Elle tourne sa tête vers ce dieu appuyé sur sa lance; un Amour s'occupe à détacher sa cuirasse. L'attitude de Mars annonce la force et la fierté, mais son regard n'a rien de terrible ; il semble répondre à celui de la déesse qui paraît lui sourire.

Ce tableau est de l'époque ou ce grand peintre jouissait de la plénitude de son talent. Dans aucun autre on ne trouve une expression plus vraie, un dessin plus correct, une couleur plus brillante, une touche plus ferme, un empâtement aussi vigoureux; il n'y a pas une seule partie de ce tableau qui n'ait été exécutée avec un soin tout particulier. On voit que le peintre avait à cœur de rendre son œuvre digne du grand capitaine dont son pinceau devait transmettre l'image.

Pour indiquer l'éclat de sa cuirasse, Paul Véronèse s'est plu à y faire refléter la figure de la déesse.

Peint sur toile. — Haut. 1 m 07 c. Larg. 0 m. 02 c.

(On sait combien sont rares les tableaux de chevalet de ce grand maître. Celui-ci faisait partie de la galerie du prince Justiniani; il y fut acheté le 28 septembre 1709.)

TITIEN (Tiziano Vecellio).

5. Portrait du peintre.

Il est représenté de profil, la tête coiffée d'une toque noire. Il porte un manteau garni de fourrures, et tient en main une tablette sur laquelle on lit : *Titianus seipsum expeculo pingens multa felicitate expressit ann. LXI.*

Tout le monde sait que le Titien vécut près d'un siècle et qu'il peignit jusqu'au dernier jour de cette longue carrière. Il était donc à 61 ans dans la maturité la plus vigoureuse de son génie. Les portraits du Titien ont toujours compté parmi ses œuvres les plus recherchées; celui-ci emprunte une valeur en quelque sorte historique à la figure du peintre, retracée par lui-même avec une prédilection qu'il a voulu inscrire dans son œuvre.

Toile. — Haut. 0 m. 80 c. Larg. 0 m. 70 c.

PAR LE MÊME.

6. Jeune femme à sa toilette.

De sa main gauche elle tient une partie de sa chevelure qu'elle s'apprête à arranger sur sa tête. Des perles sont entrelacées dans ses cheveux d'un blond doré. L'on en voit une en forme de pendeloque, suspendue à son oreille. De sa main droite elle attache sur son épaule l'agrafe de son vêtement. Devant cette figure est une table de toilette sur laquelle est une riche aiguière.

La pose de cette figure, vue jusqu'aux genoux, est des plus gracieuses. Elle permet de voir tous les traits du visage, le contour des épaules et l'élégance de la taille. Il n'est aucune de ces parties qu'on ne se plaise à admirer.

Dans cet ouvrage on reconnaît l'élève de Giorgione. On croirait même qu'il l'a exécuté pendant qu'il était à son école. On y trouve la même couleur, le même empâtement que celui du maître. C'est presque la même pose que celle que le Giorgione a donnée à sa maîtresse dans son tableau de famille, que nous allons bientôt décrire. Ils se sont l'un et l'autre appliqués à faire ressortir la beauté des épaules. La figure peinte par le Titien a moins d'expression que celle de son maître ; mais elle a plus de vénusté. Il ne faut point en être surpris : l'un peignait des portraits, l'autre une figure idéale. Acheté à Rome le 16 octobre 1798.

(Acheté à Rome le 16 octobre 1798.)
Peint sur toile. — Haut. 0 m. 68 c. Larg. 0 m. 56 c.

GIORGIONE.

7. Le Giorgione, sa Maîtresse, Pierre Luzzo, son élève, et une servante.

Ce peintre s'est représenté, dans ce tableau, au moment où il se réconcilie avec sa maîtresse. Ils se donnent la main en signe de paix ; mais leurs regards froids et réservés font présager qu'elle sera peu durable.

Ils ont l'un et l'autre le costume de leur époque et de leur pays. Le Giorgione est vêtu d'un surtout noir, ouvert sur la poitrine, qui laisse ainsi paraître la chemise ; le cou est nu ; une toque de même couleur que le surtout couvre sa tête ; ses joues et son menton sont ornés d'une barbe épaisse et brune. Tous ses traits sont nobles et réguliers, et sa physionomie annonce l'intelligence et la douceur.

Les traits de sa maîtresse sont d'une régularité parfaite et empreints d'une charmante expression. Le corsage de sa robe ne cache point l'élégance de sa taille, et laisse à découvert les épaules, dont les contours gracieux sont d'une couleur ravissante. Des cheveux d'un blond doré sont le seul ornement de sa coiffure.

Sur le second plan, entre ces deux personnages, on voit de face une suivante d'une stature forte, au teint brun, aux traits réguliers, mais d'une physionomie vulgaire.

Derrière le Giorgione est son élève, Pierre Luzzo. Il observe cette scène avec étonnement et inquiétude ; car il aimait la jeune femme et en était aimé. Peu après il l'enleva à son maître, qui se pendit de désespoir, à l'âge de 34 ans.

C'est ce peintre qui créa l'école vénitienne, et qui le premier fit sentir combien les soins minutieux que Bellini, son maître, et tous ceux de cette époque apportaient dans l'exécution de leur travail, nuisaient à leurs figures par la sécheresse des contours et la raideur des mouvements. Il a su donner aux siennes toute leur liberté et un éclat de couleur qui n'a point été surpassé.

Les tableaux de ce maître sont fort rares. Au commencement de ce siècle, Venise, sa patrie, n'en possédait que trois dans ses églises, et un seul de chevalet.

Celui-ci était dans la galerie Colonna, à Rome, sous le n° 169. Il y était connu sous le nom de la Famille du Giorgione. Il y fut acheté le 18 janvier 1799.

Peint sur toile. — Haut. 0 m. 17 c. Larg. 1 m. 48 c.

L'ALBANE.

8. Jugement de Pâris.

Le berger, debout et les jambes croisées, appuyé contre un arbre, tient en main la pomme. Sa ceinture est couverte d'une large draperie qui descend d'une de ses épaules, sur laquelle est posée sa houlette. Il regarde attentivement les trois déesses debout devant lui. Junon tient de ses deux mains une écharpe qui lui sert de ceinture et flotte au-dessus de sa tête; près d'elle est Vénus, qui vient de laisser tomber de ses épaules son léger vêtement, dont un Amour pudique lui fait une ceinture; — Pallas, vue de dos, a le pied sur son bouclier, au-dessous duquel est sa tunique, et de ses deux mains elle dépose son casque. La scène se passe dans une vallée, au pied du mont Ida, qui s'élève sur la gauche. Au sommet du mont sont deux Naïades assises, et au-dessous d'elles le dieu Scamandre, appuyé sur son urne d'où sort le fleuve; sur le premier plan un Amour, couché sur le ventre à côté de son carquois, lève la tête qu'il appuie sur une de ses mains en regardant attentivement les déesses. Au pied de la colline opposée sont deux Amours assis, et au milieu du tableau, dans le haut, un autre Amour porté sur un nuage.

Un riche paysage, orné sur le premier plan d'arbres majestueux, et exécuté d'une manière large et facile, embellit beaucoup cette scène. Les déesses n'ont point cette beauté idéale qu'on leur désirerait. On sait que sa femme et sa belle-sœur servaient habituellement de modèle à l'Albane. Mais dans les figures des trois Amours placés sur le premier plan de ce tableau, on trouve toutes les aimables qualités de ce maître : couleur fraîche et brillante; touche facile et moelleuse; contours gracieux qui révèlent le désir d'atteindre le Corrège.

Peint sur toile. — Haut. 1 m. 26 c. Larg. 1 m. 68 c.
(Acheté de la galerie du prince Altieri, le 1er août 1798.)

ANDRÉ SACCHI.

9. Vénus et l'Amour.

Vénus est couchée sur un lit de repos formé de coussins rouge pourpré et recouverts d'une draperie bleue aux plis ondoyants. L'Amour, agenouillé sur le bord du lit, tient son carquois en l'air et regarde une des flèches que vient d'en tirer sa mère.

Ces deux figures sont les portraits de la maîtresse du peintre et de leur enfant. A l'exemple de l'Albane, son maître, il prenait ses modèles dans sa famille. Le dessin, le modelé et la couleur de ce tableau sont remarquables. Les contours des formes sont fondus avec tant de souplesse qu'on n'aperçoit aucun temps d'arrêt, et la couleur est si transparente qu'on voit le sang circuler sous la peau. Chaque touche a cette suavité, cette *morbidezza* qu'on ne trouve ordinairement que sous les pinceaux de l'Albane ou du Corrège.

Sacchi, né à Rome, fut le premier élève de l'Albane. Il a surpassé son maître dans sa Prédication de saint Romuald, l'un des tableaux célèbres de cette capitale du monde chrétien.

Peint sur toile. — Haut. 1 m. 30 c. Larg. 0 m. 98 c.

(Ce tableau était dans la galerie Colonna sous le n° 176. Il fut acheté le 20 janvier 1799.)

BAROCHE.

10. La Vierge, l'Enfant Jésus et le petit saint Jean.

La Vierge, vue de profil, soutient l'Enfant Jésus qu'elle contemple avec une ineffable expression de douceur et d'amour. Le divin enfant vient de se saisir de la croix de roseau du petit saint Jean, et tourne vers sa mère des regards attristés. Le jeune précurseur est debout derrière Jésus; sa figure est tenue dans la demi-teinte.

Ce tableau réunit toutes les qualités de ce maître : un dessin correct, une touche gracieuse, un coloris frais et brillant, des airs de tête intéressants, et une lumière répandue avec grande intelligence. La figure de la Vierge est, dit-on, le portrait de la sœur du peintre.

Ouvrage d'une parfaite conservation. — Haut. 0 m. 66 c. Larg. 0 m. 55 c.

ANNIBAL CARRACHE.

11. L'Éducation de l'Amour.

Mercure nu, la tête couverte de son pétase et les jambes garnies de ses talonnières ailées, assis sur un fragment de rocher, apprend à lire à l'Amour debout devant lui. Le jeune dieu épelle et suit du doigt les lettres tracées sur un papier déroulé sur les genoux de Mercure. Vénus Céleste, portant des ailes, est debout derrière son fils, un bras appuyé contre le rocher. Une draperie rouge voltige derrière elle. Le fond du tableau représente un massif de rochers entouré d'arbres touffus. De belles plantes garnissent la terrasse du premier plan.

Pour donner une idée de la grâce de cette composition, il suffit de dire que c'est une copie du célèbre tableau du Corrège, dont Carrache avait fait une étude particulière.

Peint sur toile. — Haut. 1 m. 80 c. Larg. 1 m. 17 c.

DOMINIQUIN.

12. L'Ange gardien.

Il conduit un jeune enfant auquel il montre le ciel. Celui-ci, les bras croisés sur sa poitrine, contemple d'un air ravi le séjour des bienheureux.

L'ange a les ailes déployées; il est vêtu d'une tunique bleue, sur laquelle se drape élégamment un manteau. L'enfant porte une tunique jaunâtre. Tous deux ont les pieds nus. Le fond du tableau offre un charmant paysage montagneux meublé de quelques bouquets d'arbres.

Voici ce que, le 10 juillet 1801, m'écrivait M. le chevalier d'Agincourt, en annonçant l'acquisition de ces deux derniers tableaux :

« Le premier n'est qu'une copie ; mais Carrache avait fait une
« étude particulière du Corrège, et on le reconnaît bien au torse
« de Mercure et à la figure de l'Amour. Cette copie ne déparera
« point les voisins que vous lui donnerez.

« L'autre, d'une proportion bien différente, et propre à orner
« un cabinet, doit être mis près des yeux. Il est infiniment pré-
« cieux par l'expression. Il est impossible de la rendre plus vraie,
« plus touchante qu'elle l'est dans la jolie tête de l'enfant, que
« son ange gardien regarde avec bonté en lui montrant le ciel. Le
« dessin en est parfait, et le coloris ce qu'il doit être pour qu'on
« ne soit occupé que de ces deux premières et essentielles parties
« de l'art. Ce tableau est du faire le plus précieux du Domini-
« quin. »

Peint sur toile. — Haut. 0 m. 47 c. Larg. 0 m. 38 c.

VANNI (Francesco).

13. Sainte Cécile.

La Sainte debout auprès d'un buffet d'orgue, le corps incliné en arrière et les yeux levés au ciel, chante la gloire du Seigneur. D'une main elle tient un papier, l'autre repose sur ses genoux. Elle est coiffée d'un turban gris orné d'une grosse perle. Ses cheveux et son voile retombent sur ses épaules. Un ange l'accompagne en touchant de l'orgue. Un autre ange soutient son manteau rouge qui se drape à larges plis sur sa robe bleue.

Vanni s'est souvent inspiré de Baroche : aussi retrouve-t-on dans ce tableau toute la grâce et tout le moelleux du pinceau de ce maître ; mais la couleur de Vanni est plus chaude et plus vigoureuse. La disposition de ses figures, ses airs de tête et son goût de draperies rappellent l'école des Carrache, dans la manière desquels on sait qu'il fit plusieurs ouvrages.

Peint sur toile. — Haut. 1 m. 32. Larg. 1 m.

ANDRÉ SOLARIO.

14. La Vierge tenant dans ses bras l'Enfant Jésus.

Le Fils de Dieu est nu et la Vierge est vêtue d'une large mante bleue doublée de blanc, sous laquelle on aperçoit un vêtement rouge. Les draperies sont dessinées avec goût, et le choix de leur couleur répand sur ce tableau un grand éclat. Dans la figure de la Vierge et dans celle de l'Enfant, dans le dessin et le contour des formes, dans le soin et le fini de toutes les parties de ce petit tableau, on voit qu'il est l'œuvre d'un des premiers élèves de Léonard.

Peint sur bois. — Haut. 0 m. 48 c. Larg. 0 m. 62 c.

SALVATOR ROSA.

15. Les Paysans de Lycie changés en grenouilles.

Latone, dont les vêtements annoncent l'infortune, est debout sur le devant d'un paysage d'un aspect sévère et terrible ; ses deux enfants nus sont assis à ses pieds. La déesse appelle la colère de Jupiter sur deux paysans qui lui ont refusé avec injure l'eau du ruisseau dans lequel ils sont entrés. La vengeance divine se manifeste déjà ; les têtes et les mains des paysans ont pris des formes de grenouille.

Au-delà du ruisseau s'élève une masse énorme de rochers entassés les uns sur les autres, entremêlés d'arbustes et taillés presque à pic. Un arbre séculaire qui dépasse leur sommet projette ses vigoureux branchages en dehors de la scène. Dans le lointain, les eaux d'un golfe baignent des rives montagneuses, à l'extrémité desquelles on découvre un village.

Les paysages de Salvator sont tout autant du domaine de l'imagination que de celui de la réalité. Il se plaît à y accumuler des arbres foudroyés ou morts, des terrains bouleversés et stériles, des végétations transplantées de pays inconnus, des rochers gigantesques aux profils bizarres ; il y entasse en quelque sorte tout ce que la nature offre de plus extraordinaire et de plus sauvage.

Le paysage que nous venons de décrire est un de ces sites fantastiques si chers à l'imagination exaltée du maître ; mais il a le privilége, bien rare parmi les tableaux de Salvator, d'une couleur argentine et claire et d'une exécution soignée.

Peint sur toile. — Haut. 1 m. 25 c. Larg. 1 m. 06 c.

PAR LE MÊME.

16. Le Satyre et le Paysan.

A quelques pas de son habitation ombragée d'arbres, un paysan est assis sur un fragment de roc devant une table rustique, sur laquelle est une cruche et un morceau de pain. D'une main il tient une écuelle remplie de soupe, de l'autre il porte à la bouche une cuillerée du potage, sur laquelle il souffle.

Le satyre, qui le regarde d'un air étonné, exprime sa surprise par des gestes énergiques et se penche vers lui comme pour l'interroger.

L'idée de cette composition est empruntée à l'apologue bien connu du Satyre et du Paysan, à cette différence près que c'est le Satyre qui se présente ici chez le villageois.

L'expression parlante et pleine d'animation de nos deux personnages prête un intérêt singulier à cette scène, si simple par elle-même. Mais ce qui ne contribue pas moins à lui donner du mouvement et de la vie, c'est le feu de son exécution où éclatent toute la verve et la facilité de ce peintre inimitable ; c'est encore sa couleur vigoureuse et son effet frappant de vérité.

Ces deux tableaux de Salvator Rosa faisaient partie de la galerie du prince Altieri, où ils ont été achetés le 1er août 1799.

Peint sur toile. — Haut. 1 m. Larg. 0 m. 78 c.

ÉCOLE ESPAGNOLE

MURILLO.

17. La Partie de cartes.

Trois jeunes bacheliers, assis devant une table, font une partie de cartes. Le premier, à gauche du spectateur, montre du doigt celle qu'il vient de jeter ; le second, au milieu de cette table, réfléchit sur celle qu'il doit jouer ; le troisième, l'œil tendu, la bouche béante, attend celle qui va paraître.

La figure du premier, vue de trois quarts, est coiffée d'une toque rouge ornée d'une plume, et la pâleur répandue sur tous ses traits décèle la passion qui le dévore. Le second, tête nue, aux cheveux bruns et touffus, au teint frais, est vu de face. Le calme qui règne dans toute sa physionomie contraste merveilleusement avec la figure passionnée du personnage précédent. Le troisième est vu de profil. Sa fraîcheur et sa candeur attestent son inexpérience. Il est nu-tête et sa chevelure est d'un blond doré.

Leur costume est celui des bacheliers de Salamanque à cette époque.

Le peintre a porté, dans ce tableau, la lumière sur la figure et les mains, seuls objets intéressants de la scène. Les six mains, posées chacune dans une situation différente, attestent une science et une rectitude de dessin fort remarquables. Voici ce que m'écrivait le chevalier d'Agincourt en envoyant ce tableau à Paris, le 21 mars 1801 :

« Votre Murillo pourrait être confondu par des yeux peu exer-

« cés avec un Caravage, par le ton de force qu'on y remarque ;
« mais il diffère de ce maître par les ombres que celui-ci don-
« nait d'un seul coup et d'une seule teinte, tandis que dans votre
« tableau on distingue une foule de nuances fondues avec un
« soin extrême. Regardez les mains des joueurs : vous y distin-
« guerez des passages de teintes soignées, recherchées et moel-
« leuses, qu'on ne trouve jamais dans le Caravage. »

Peint sur toile. — Haut. 0 m. 72 c. Larg. 1 m. 03 c.

ZURBARAN.

18. Saint Joachim et la jeune Marie.

Saint Joachim, assis sur la terrasse de sa maison, s'entretient avec la jeune Marie et lui pose affectueusement la main sur l'épaule. La jeune vierge, debout devant son père, vient de lui offrir un bouquet de fleurs et le regarde avec la plus vive tendresse. Elle est vêtue d'une robe rose boutonnée au corsage, et tient un livre de la main gauche. — Saint Joachim est enveloppé d'une large robe grise violacée sur laquelle se drape un manteau jaune. Son maintien grave, sa barbe et ses cheveux blancs lui donnent un air vénérable qui forme un touchant contraste avec la physionomie candide et la grâce virginale de la jeune Marie.

L'expression des figures, l'arrangement des draperies, la dignité des poses, tout est du plus grand style dans ce tableau, dont la couleur vigoureuse et la touche grasse et fondue accusent le plus beau faire de Zurbaran.

Peint sur toile. — Haut. 1 m. 70 c. Larg. 1 m. 13 c.

VELASQUEZ.

19. Martyre de sainte Agathe.

La sainte est attachée au poteau, entourée de ses bourreaux. L'un d'eux, armé de tenailles, s'apprête à lui arracher les seins.

Un autre fait chauffer des fers. Quatre autres personnages assistent à ce supplice.

Cette esquisse est remarquable par l'expression de la sainte, l'éclat des couleurs et la finesse de la touche.

Haut. 0 m. 20 c. Larg. 0 m. 28 c.

ÉCOLES FLAMANDE & HOLLANDAISE.

RUBENS.

20. Sept esquisses; sujets tirés de la Vie d'Achille.

1° Achille plongé dans le Styx.
Toile. — Haut. 0 m. 46 c. Larg. 0 m. 40 c.

2° Education d'Achille par le centaure Chiron.
Toile. — Haut. 0 m. 46 c. Larg. 0 m. 40 c.

3° Achille découvert chez les filles de Lycomède.
Toile. — Haut. 0 m. 47 c. Larg. 0 m. 60 c.

4° Colère d'Achille.
Toile. — Haut. 0 m. 47 c. Larg. 0 m. 47 c.

5° Thétis demandant à Vulcain des armes pour son fils.
Toile. — Haut. 0 m. 47 c. Larg. 0 m. 52 c.

6° Rachat du corps d'Hector.
Toile. — Haut. 0 m. 42 c. Larg. 0 m. 70 c.

7° Mort d'Achille.
Toile. — Haut. 0 m. 48 c. Larg. 0 m. 48 c.

Ces sept esquisses ne seront point séparées; on en remettra

une notice détaillée aux personnes qu'elle pourra intéresser ; on remettra aussi la double collection des gravures de cette œuvre à celui qui en sera l'adjudicataire.

RUBENS. (1)

21. Portrait de Philippe IV, roi d'Espagne.

En 1628, l'infante Isabelle, gouvernante des Pays-Bas, chargea Rubens d'une mission diplomatique auprès de Philippe IV, roi d'Espagne. Ce peintre célèbre résida plus d'un an dans cette cour. Le monarque lui fit exécuter plusieurs grands ouvrages et voulut avoir de sa main son portrait et celui d'Elisabeth de Bourbon, sa femme. Rubens exécuta celui de Philippe sous divers costumes, et ce prince voulut que celui qui est aujourd'hui mis en vente servit de type à tous ceux qu'il ferait exécuter par la suite. Aussi le peintre s'est-il appliqué avec un soin tout particulier à l'exécution de celui-ci. On y trouve une finesse de pinceau, une facilité de contours, un éclat de ton, porté au plus haut degré. Il n'est point de galerie où ce tableau ne soit digne d'être admis.

Des yeux peu exercés l'attribueront peut-être à Velasquez ; jamais ce peintre espagnol, malgré son talent éminent, n'a pu atteindre ni cette suavité, ni cet éclat.

(Acheté le 18 juillet 1798.)
Peint sur toile. — Haut. 1 m. 30 c. Larg. 0 m. 98 c.

(1) Malgré toute notre déférence pour les opinions de M. Collot, nous ne pouvons être de son avis sur l'attribution qu'il donne à ce tableau. Nous y reconnaissons la main de Velasquez.

REMBRANDT.

22. Portrait de Nicolas Tulp.

Ce portrait est celui de Nicolas Tulp, professeur d'anatomie à Amsterdam, et ami particulier de ce peintre. C'est ce même professeur que Rembrandt a représenté dans son célèbre tableau de la leçon d'anatomie. Il est vu de face et en buste, la tête découverte ; ses cheveux et sa barbe commencent à grisonner ; il porte un pourpoint noir surmonté d'une fraise gaufrée.

Ce portrait est un de ceux que ce peintre a exécutés avec le plus de soin et le plus de succès. Son amitié pour Tulp l'y excitait ; ici point de fougue, point d'emportement, rien de heurté. Tout est calme et précis. Les teintes argentines y abondent : l'expression est pleine de vérité ; le personnage est parlant. Quoique ses traits n'aient aucun caractère de beauté, ils portent cette empreinte de génie qui attache de prime-abord.

Ce tableau porte à droite la signature du peintre et la date de son exécution, 1632 ; à gauche l'âge de Tulp ; il avait alors 40 ans, et Rembrandt 28.

Peint sur bois. — Haut. 0 m. 72 c. Larg. 0 m. 52 c.

(Ce tableau a été acquis, il y a cinquante ans, à la la vente de Robbi, fameux marchand de cette époque ; il est ovale.)

MOUCHERON (Frédéric).

23. Paysage.

Un homme à cheval, accosté par un piéton, chemine sur une route qui part du premier plan et s'enfonce à gauche derrière un rocher couronné par un arbre au léger feuillage ; d'autres voyageurs suivent le même chemin. Un grand arbre qui domine toute la composition s'élève à travers des rochers entremêlés d'arbrisseaux et de plantes sauvages. Plus loin un sentier côtoie une montagne rocailleuse semée d'arbustes et de broussailles. Du côté opposé l'œil parcourt une vaste étendue de pays, jusqu'à une chaîne de montagnes qui se détachent à l'horizon sous un ciel clairsemé de nuages.

Ce paysage, d'un riche aspect pittoresque, est traité avec cette touche facile et spirituelle qui distingue les meilleures œuvres de Moucheron. Le feuillage semble agité par l'air, tant il est léger.

Les lointains et les montagnes sont enveloppés de vapeurs d'une transparence tout aérienne, et le ciel répand sur toute la composition une lumière très harmonicuse.

Peint sur toile. — Haut. 0 m. 66 c. Larg. 0 m. 57 c.

STOOP.

24. Halte de chasse.

Un cavalier portant un faucon sur le poing, un piqueur à cheval sonnant du cor et un valet qui tient deux chiens en laisse, s'arrêtent à l'entrée d'une forêt auprès d'une fontaine où boit un jeune garçon.

Des teintes blondes et brillantes, une touche grasse, piquante et facile, et une vive intelligence des effets du clair-obscur contribuent à faire ressortir le mérite de ce tableau.

Bois. — Haut. 0 m. 48 c. Larg. 0 m. 62 c.

MIREVELT.

25. Portrait d'un Hollandais.

Il est représenté la tête nue, les cheveux ras. Il porte moustache et un bouquet de barbe au menton. Une large collerette de mousseline se détache sur son vêtement de soie noire.

C'est un bon tableau de ce maître. La touche est fine, l'expression vraie, la couleur bien fondue, et la lumière y est répandue avec intelligence.

Peint sur toile. — Haut. 0 m. 90 c. Larg. 0 m. 52 c.

VALKENBURG.

26. Gibier et instruments de chasse.

Deux perdrix, un cornet à poudre, une gourde, un sifflet, une laisse et un filet sont groupés sur une table de pierre près d'un vase décoré d'un bas-relief. Ce trophée de chasse se détache sur un agréable fond de paysage, dans lequel passe une chasse au cerf.

L'aspect brillant et vrai de ce tableau est encore relevé par l'adresse du rendu des détails qui accuse un tact d'imitation ne laissant rien à désirer.

Peint sur toile. — Haut. 1 m. 14 c. Larg. 0 m. 87 c.

MIERIS (François, attribué à).

27. L'Enfant aux bulles de savon.

Un enfant, aux cheveux blonds, vu dans l'embrasure d'une croisée, s'amuse à souffler des bulles de savon par un tuyau de paille. Une femme, debout à côté de lui, tient un petit chien dans ses bras. Une carafe, où plonge un tournesol, est déposée sur l'appui de la fenêtre ; une cage d'oiseau est suspendue à la muraille.

Peint sur bois. — Haut. 0 m. 23 c. Larg. 0 m. 18 c.

ÉCOLE FRANÇAISE.

NICOLAS POUSSIN.

28. Le Massacre des Innocents.

Sur le premier plan, à gauche de l'avant-scène, gît le cadavre d'un enfant délaissé. C'est l'annonce du sujet. En avant est un bourreau, le bras levé, et prêt à percer de son glaive un enfant étendu par terre. Sa mère, que ce bourreau a saisie par les cheveux et qu'il tient renversée sous l'un de ses pieds, s'efforce d'arrêter sa fureur et de couvrir de son corps celui de son enfant.

Auprès d'eux, sur le même plan, on voit deux autres bourreaux, trois mères et trois enfants. L'un, déjà immolé, gît sans vie et sans couleur; son bourreau a disparu. La mère, à genoux devant ce cadavre, s'arrache les cheveux, se déchire le sein, et laisse éclater sa douleur; l'autre, à genoux, fondant en larmes, s'efforce de retenir de ses mains suppliantes le bras d'un de ces bourreaux, armé d'un glaive suspendu sur le corps de son enfant, que de son pied ce bourreau veut écraser. La première de ces femmes veut fuir, emportant son enfant dans ses bras; mais l'autre bourreau saisi l'enfant, et, le bras levé, s'apprête à l'immoler sur le sein même de sa mère. La crainte est répandue sur tous les traits de cette infortunée.

Le Poussin s'est appliqué à retracer dans les figures de ces trois femmes, le désespoir, la prière et la crainte, et il serait difficile de les produire avec plus de vérité. Ce tableau a toujours été cité comme modèle d'expression.

Sur le second plan est un temple élevé sur plusieurs marches. Une mère épouvantée les descend rapidement, entraînant son enfant. Un bras armé d'un glaive, sortant de la porte de ce temple, a suffi à ce peintre poète pour faire ressortir et le danger qui menace cette mère, et toutes les horreurs qui souillent cet asile.

Sur ce même plan est le palais d'Hérode. A l'une de ses colonnes est affiché l'arrêt qui ordonne le massacre.

Ce tableau est un des meilleurs du Poussin. Il est du même faire et de la même époque que celui de la Manne dans le désert, qui orne notre Musée. La couleur y est d'un éclat, d'une transparence qu'on trouve rarement chez ce maître. Mais la qualité qui y domine, c'est l'expression. Elle est partout frappante, jusque dans la figure de cet enfant écrasé sous les pieds du bourreau; on croit entendre ses cris.

Peint sur toile. — Haut. 1 m. 35 c. Larg. 1 m. 15 c.

(Ce tableau était dans la galerie du prince Altieri, où il fut acheté le 1ᵉʳ août 1798. Il est cité dans le voyage de Lalande et par d'autres auteurs. Il a été gravé par Volpato.)

LE MÊME.

29. Moïse sauvé des eaux.

Au dessous de la figure du Nil, appuyé de la main droite sur une tête de Canope et tenant de la gauche une corne d'abondance, on voit Moïse étendu dans son berceau, déposé au bord du fleuve. La femme qui vient de l'abandonner est encore à genoux sur la rive et ses yeux expriment la douleur. Derrière elle une autre femme s'éloigne en retournant la tête pour voir encore une fois l'enfant abandonné. Un vieillard, couvert d'un manteau et accompagné d'un enfant, la précède et s'éloigne à regret. Cet enfant regarde si le berceau est encore sur l'eau.

Dans le fond du tableau on voit la fille de Pharaon, des palais, une forteresse, et plus loin un riche paysage.

Ce tableau est d'une riche et belle composition.

Toile. — Haut. 0 m. 72 c. Larg. 1 m. 18 c.

JOUVENET (Jean).

30. Descente de croix.

Le Christ, mort et descendu de la croix, est étendu sur un linceul dans lequel saint Jean et saint Joseph d'Arimathie s'apprêtent à l'ensevelir. La Vierge, debout, drapée dans un large manteau bleu, qui remonte sur sa tête, lève au ciel des regards navrés de douleur. Elle est suivie d'une sainte femme enveloppée d'un manteau jaunâtre, qui porte un mouchoir à ses yeux. La Madeleine cherche également à étouffer ses sanglots sous le mouchoir dont elle couvre son visage. Derrière Joseph d'Arimathie, un homme se tient debout les mains jointes. Un bourreau retire l'échelle encore appuyée contre la croix.

Dans ces figures de petites proportions, Jouvenet a déployé la même énergie que dans ses grandes toiles. On y retrouve la fierté habituelle de ses attitudes, le mouvement hardi de ses gestes, le caractère décidé de son dessin, la vivacité de ses expressions et cette large facilité qui était l'essence même de son talent. La rareté des tableaux de cabinet de ce peintre recommande suffisamment celui-ci à l'attention des amateurs.

Toile. — Haut. 0 m. 84 c. Larg. 0 m. 65 c.

VERNET (Joseph).

31. Vue de Tivoli.

Nous sommes au pied du gouffre où viennent s'engloutir une partie des eaux de l'Anio. Devant nous le temple de Vesta et celui de la Sibylle Tiburtine s'élèvent à une hauteur prodigieuse sur un énorme entassement de blocs de rochers entremêlés d'arbres et d'arbrisseaux. Du flanc de ces rochers, la cascade de Tivoli s'échappe en flots écumants entre les piliers d'un aqueduc, et se précipite avec fracas et une rapidité impétueuse dans le ravin qu'elle s'est creusé à travers des quartiers de roc. Sur l'un de ces rochers est posté un groupe de pêcheurs. A gauche, au second plan, s'élève une colline verdoyante, ombragée par d'élégants bouquets d'arbres. Au loin, on aperçoit des aqueducs dans la campagne.

Ce site, d'un aspect si imposant, et d'une nature si grandiose, a dû bien vivement exalter l'imagination de Vernet, car il l'a reproduit avec la verve et l'énergie du pinceau de Salvator. Aussi, admirons-nous dans cet ouvrage tout ce que cet éminent artiste a produit de plus parfait, sous le rapport de l'exécution comme sous celui de la couleur, qui est d'un merveilleux éclat. En un mot, ce tableau doit être compté parmi les chefs-d'œuvre du maître.

Haut. 1 m. Larg. 1 m. 36 c.

LE MÊME.

32. Marine.

Toute l'étendue du premier plan est hérissée de fragments de rochers baignés par la mer. Un pêcheur, debout sur une de leurs aspérités, retire des flots son filet; un autre pêcheur montre un poisson à une femme demi-nue, assise auprès de lui. A gauche, plusieurs muletiers suivent un chemin tracé sur une digue naturelle qui s'élève du milieu des eaux; ils vont disparaître derrière un massif de rochers couronné d'un vieux arbre au tronc noueux et au feuillage éclairci. A l'arrière-plan, en deçà d'une ligne de hautes montagnes, on aperçoit des vaisseaux mouillés dans un port fermé de murailles flanquées de tours, et dominé par un phare. A droite, près d'une jetée, des pêcheurs retirent leurs filets et des mariniers déchargent un bâtiment. Une voile hollandaise cingle vers l'horizon.

Ce tableau, qui fait pendant au précédent, est encore du meilleur temps de l'artiste; c'est assez dire qu'il a été peint en Italie. Il est surtout remarquable par le grand aspect des lignes et par cette richesse de détails que Vernet savait répandre dans ses marines avec tant de choix, d'esprit et d'agrément. On y retrouve du reste la fermeté du pinceau, le bel empâtement de couleur et la brillante exécution qui caractérisent les meilleures productions de ce maître.

Toile. — Haut. 1 m. Larg. 1 m. 03 c.

LE MÊME.

33. Marine.

Un pêcheur, le genou appuyé sur un rocher au bord de la mer, y jette son filet qu'il tient de sa main gauche. De sa main droite il tient une longue ligne; sa compagne, appuyée près de lui, sur un rocher plus élevé, regarde attentivement quel sera le résultat de ce coup de filet. Le ciel se charge de nuages, mais la mer est encore calme et transparente; une petite ville à l'horizon est frappée par des rayons de lumière. Dans le lointain est un vaisseau sortant du port dont on voit le phare et quelques maisons.

Ce tableau porte la date de 1775 et la signature de Vernet, qui le donna à Chalgrin, son gendre, pour cadeau de noces.

Haut. 0 m. 50 c. Larg. 0 m. 38 c.

GREUZE (Signé 1780).

34. L'Attention.

C'est une jeune femme au teint frais et rosé, à la peau veloutée et douce. Elle fixe ses jolis yeux sur quelque chose d'invisible qu'elle semble regarder avec un intérêt passionné. Ses cheveux relevés sur son front sont ramenés au sommet de sa tête par une natte fixée par un ruban rouge. Elle porte une robe grise boutonnée au corsage, sur lequel retombe le bord de sa chemise. Un petit fichu blanc bordé de trois raies rouges est jeté négligemment sur ses épaules, et laisse à découvert l'éclatante blancheur de son sein.

Haut. 0 m. 57 c. Larg. 0 m. 47 c.

LE MÊME.

35. Jeune Fille tenant un petit Chien.

Collection Rey, de Marseille.

ANTIQUITÉS.

36. Statue antique d'un jeune Faune terminée en hermès, en marbre rouge antique de la plus belle qualité, sur piédestal en marbre vert antique.

Il n'existe que deux figures antiques entières de cette belle matière. Celle-ci, dont la tête a été séparée du corps lorsqu'elle fut découverte, est réparée avec soin. Elle est, du reste, d'une très belle conservation. Elle provient du cabinet du marquis de Drée, qui en refusa 10,000 fr. lors de sa première vente.

Hauteur 1 m. 30 c.

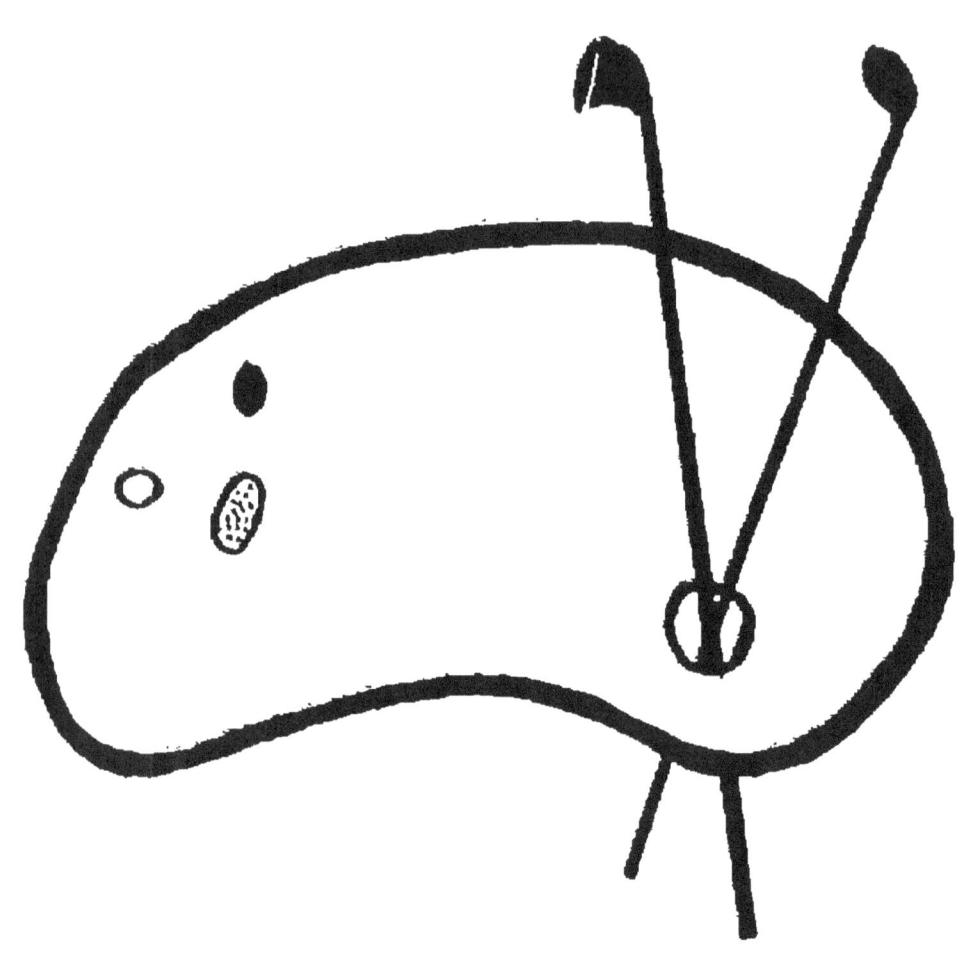

ORIGINAL EN COULEUR
NF Z 43-170-8

M. de Crozé
neveu de
M. Lesseseur
Sénateur

www.ingramcontent.com/pod-product-compliance
Lightning Source LLC
Chambersburg PA
CBHW030102230526
45471CB00003B/1220